卫校达人
养成攻略

策 划	谭崇杭　李　勇
主 编	黄婷婷　戴晓雪　唐宏彬
副主编	胡跃飞　徐小东
参 编	（以姓氏笔画排序）
	冯伯阳　李　昕　陈　蔺　陈抒墨
	贺　芸　姜　涛　徐小晴　樊　曦
摄 影	蒋　黎

西南交通大学出版社
·成都·

图书在版编目（ＣＩＰ）数据

卫校达人养成攻略 / 黄婷婷，戴晓雪，唐宏彬主编.
—成都：西南交通大学出版社，2017.9（2021.7 重印）
ISBN 978-7-5643-5758-0

Ⅰ. ①卫… Ⅱ. ①黄… ②戴… ③唐… Ⅲ. ①卫生学
校 – 入学教育 – 教材 Ⅳ. ①G718.3

中国版本图书馆 CIP 数据核字（2017）第 223467 号

卫校达人养成攻略

主编　黄婷婷　戴晓雪　唐宏彬

责任编辑	张华敏
特邀编辑	唐建明　陈正余
封面设计	何东琳设计工作室

出版发行	西南交通大学出版社
	（四川省成都市二环路北一段 111 号
	西南交通大学创新大厦 21 楼）
邮政编码	610031
发行部电话	028-87600564　028-87600533
官网	http://www.xnjdcbs.com
印刷	四川玖艺呈现印刷有限公司

成品尺寸	170 mm×230 mm
印张	4.75
字数	77 千
版次	2017 年 9 月第 1 版
印次	2021 年 7 月第 6 次
定价	26.00 元
书号	ISBN 978-7-5643-5758-0

教 师 寄 语

亲爱的同学，你好！欢迎来到成都铁路卫生学校。

无论你之前的道路走得轻松还是艰难，也无论你在此之前对未来有多么迷惘，当你走进成都铁路卫生学校的这一刻，你的职业目标就已经明确，未来也不再迷茫，过去的经历在此画上句号，新的生活即将展开……亲爱的同学，只要你肯努力，你将迎来一个全新的你，开创一片崭新、美好的未来！

这是一本帮助你尽快适应和融入卫校生活的书，你将在新校园里和你的同学一起在班主任的带领下使用它。让初次离家的你能在卫校这个大家庭中有一个良好的开始！

我们希望你通过这本书能尽快地了解学校的历史文化和渊源，以及校园生活的规则、规范，树立起职业荣誉感，明确学习目标和个人的职业发展目标，在集体生活中学会人际交往的基本技能，懂得尊重自己和他人，交到更多的朋友，收获珍贵的友谊，建立起良性、互助的同伴关系，充满自信地迎接未来将面临的选择和挑战！

本书的内容既实用又有趣，我们会采用班会活动课的形式组织大家一起讨论学习，希望你在班会活动课中放飞自己，快乐地体验和尝试，去发现的自己潜能，在探索中使自己成长！

希望本书能成为你校园生活的珍贵纪念册，留待日后慢慢回味……

目 录

成都铁路卫生学校
校 史

穿越百年时空，

成就时代梦想。

发轫于 20 世纪初法国天主教会在成都开办的圣修医院，立校于 1947 年成都平安桥旁，"仁爱高级护士学校"开创了成都铁路卫生学校"传播科学文化，传承仁爱精神"的发展历程。辗转轮回，数迁以求发展；几易其名，百折不改衷心。

似一部壮丽的史诗，她恢宏壮美，气势磅礴；

像一条奔涌的大河，她波澜壮阔，绵延不绝；

如一艘远航的大船，她乘风破浪，勇往直前。

成都铁路卫生学校——熔铸了几代人的心血和汗水、光荣与梦想，励精图治，奋发有为，现已成为一所以护理专业为主，兼有口腔医学、口腔工艺技术、中西医学、助产、药剂、检验、美容等多个专业，涵盖中专、五年制高职、成人大专等不同办学层次的一所国家级重点中等职业学校。

春华秋实，桃李芬芳。

学校毕业生遍及祖国的大江南北，更有学生走出国门，走向世界，实现着"除人类之病痛，助健康之完美"的崇高理想。

教育是激发生命、充实生命；医学是关爱生命、守护生命。

筚路蓝缕，仁心仁术。

以崇高理想引导人，以仁爱精神感染人，以科学知识教育人，以良好的技能培养人，让学生成人、成才、成功！

【仁爱校史】

天府之国，物华天宝，人杰地灵，成都铁路卫生学校就发端于这个人文荟萃之地、尊教重学之帮。学校初创于仁爱高级护士学校，新生于西南铁路工程局护士学校，辉煌于成都铁路卫生学校，蓄势于西昌铁路卫生学校，发展壮大于成都铁路卫生学校。

此刻，请让我们一起坐上时光穿梭机，沿着时间轴，在时光隧道里重觅学校的历史足迹，去理清学校辗转轮回、数迁以求发展的历史脉络，体验学校几易其名，却百折不改初心的豪情壮志。让我们在那厚重的历史积淀中，探索学校的仁爱文化，是怎样的润泽万物而又悄然无声。

仁爱平安桥

1900 年，战乱后满目疮痍的成都，由法国天主教会在成都平安桥街大树拐旁修建了成都最早的现代医院之一——博爱圣修医院。1947 年，为了给战争中缺医少药、挣扎在死亡边缘的人们提供更专业的庇护，她——仁爱高级护士学校应运而生，她由博爱圣修医院发起和组建，先后招收了 3 个班，共培养护士 57 人，是为成都铁路卫生学校的发端。

1947 年，一则刊登在报纸中缝里的护士招生广告，吸引了她或她的注意，一群美丽的少女齐聚到这里——成都平安桥街的一间小小的四合院里，带着青涩，带着懵懂。也许，最初的她们未必懂得什么是仁爱，毕竟在那个兵荒马乱的年代，生存才是最强烈的需求。在这里，她们遭遇了异常艰苦的学习条件，接受了异常严苛的训练。没有教材和讲义，没有实验设备和器材，老师们就口传身授，而学生们则奋笔疾书，知识随着笔尖的滑动逐渐地充盈，技能在老师手把手的训练中逐渐炉火纯青，而仁爱之光也在老师们的谆谆教导中播撒到了每个学生的心里。在这里，学生们上午上课，下午实训，晚上在病房里挥洒她们的青春和热血，连轴转似的学习和训练，对人的体力和心理都是严峻的考验，一些人支持不住，选择了离开，第一期毕业的学生也因此只剩下四名，可就是这四名由严师带出来的高徒，她们在泪水与汗水中完成了精神蜕变，为仁爱这颗种子在我校的生根发芽打下了坚实的根基。她们不仅是那个时代里最可爱的白衣天使，更是我校仁爱精神的星星之火。

仁爱平安桥，它是我校历史发端上浓墨重彩的一笔，也是我校孕育白衣天使最初的摇篮。这间小小的四合院，记录着学生们的拼搏与奋斗，也记录着老师们的艰辛与执着。教室里那谆谆教导和琅琅书声，传递的不仅是知识与技术，更是仁爱精神；医院里那一盏盏煤油灯，不仅是仁爱之灯，更是生生不息的生命之光。师生们在那个年代，携手相扶，共同书写了一段关于仁爱的传奇佳话，段仪明、王信珍、郎毓秀、肖济、郎毓贤、杨志清……还有很多很多，他们中的一些人，我们甚至还没来得及记下他们的名字，就已淹没在历史的潮流中，但我们永远也不会忘记，他们的青春和热血曾撒在这里，他们那激情燃烧的岁月将被历史永远地铭记。

1949 年，随着成都的解放，欢呼的声音响彻云霄，而学校也由西南铁路工程局正式接管，并由此更名为西南铁路工程局护士学校。仁爱的种子因了这丰厚的土壤，而更快地发芽和成长壮大。解放初期的祖国，百废待兴，求贤若渴，学校毅然决定，在原有护士专业的基础上，增设检验和助产专业，另外，实行学费减免和生活供给制，这大大减轻了学子们的经济负担，由此也吸引了更多的有志青年投身于祖国伟大的医学卫生事业。

西城花园路

正所谓"家有雏鹰初长成，展翅高飞恨天低"。随着我国社会经济的发展，学校独立办学的呼声日渐高涨，一个火热的计划正在酝酿中，一系列的建校行动也在紧锣密鼓地进行。1953 年 12 月，一支"精锐部队"从哈尔滨卫校悄然出发，他们历经一个月的艰难跋涉来到美丽的成都，就算是寒冬萧瑟、大雪纷飞的冬日，也挡不住那一颗颗沸腾的心，这群由铁道部委派的建校精英就这样来到了成都西城马家花园路，自此，一场建校的硬战拉开了帷幕，他们在我校建校史上留下了不可抹灭的一笔，让我们记住他们的名字：王世琦、沈凌、程凤珠、香淑真、尚继鸾、宋湘林、郁文骏、蒋松坡、孙德静。

1954 年，一座宽阔美丽的校园坐落在成都西城马家花园路，苏式的教学楼古朴典雅，道路两旁的法国梧桐浓荫蔽日……这就是我们的新校园，这一年，我校更名为铁道部成都卫生学校。在这里，同样留下了许多令人难忘的感人事迹，卫校人仁爱的思想、精湛的技术，他们的青春与梦想、奉献与担当，在这片土地上留下了光辉的篇章。

医护类的学校，解剖教学尤显重要，可是，对于解剖图谱和标本，在当时是花钱也买不到的奢侈品，为此，老师们可谓是"为伊消得人憔悴"，但终究也是"衣带渐宽终不悔"。当时，为了得到更完整、更精准的标本，老师们都变得异常敏锐，哪里有标本，哪里就有老师们忙碌的身影，不管它是公墓、殡仪馆或是太平间……报纸上的迁坟通知也让老师们如获至宝。标本收集回来后，清洗、消毒，再穿针引线进行深度地还原。午夜的实验室里，那昏暗的灯光下，我们美丽的香淑真老师，那茕茕孑立却坚定决绝的身影，传递的是一种对于医学事业忠诚无比的信念，她那双芊芊玉手，串起的何止是一幅幅生动的标本，更是串起了仁爱的精髓和灵魂。

正应了那句话"上下齐心，其利断金"，不管是战斗在教学一线的老师，还是各级领导，大家都在积极地为学校的发展添砖加瓦。你看，凌晨三点，在寒风凛冽的东郊屠宰场，当大家还徜徉在甜美的梦乡里时，有一个身影无怨无悔地等在那里，他，就是我们的教务副校长——杨先进老师，辛苦的等待是为了得到最新鲜的牛眼标本，好给学生带来最深刻直观的体验，为上课的老师们提供教学素材。在无数个这样黑夜里，一朵世界上最美的花正在悄然绽放，它有一个很柔美的名字——仁爱，从那以后，这朵花儿便在这片土地上岁岁年年，常开不败。

风雨兼程十六载，沧桑砥砺不言悔，我校在西城花园路的这十六年，掀开了我校自主发展的新篇章。这十六年，是我校发展壮大的十六年，也是风雨飘摇的十六年，自此，我校实现了从襁褓婴儿到英俊少年的蜕变，实现了仁爱精神的传承和专业技术的升华。

西昌邛海岸

正如李白的诗《行路难》中所描述的"欲渡黄河冰塞川，将登太行雪满山"。我校发展之路从来不是一帆风顺的，成大事者，注定要遭受坎坷。1970，西昌邛海之滨，成昆铁路大会战，我校举校迁往西昌，组建西昌铁路医院，服务于施工一线。筚路蓝缕，负重前行。

日暮乡关何处是？烟波江上使人愁。邛海啊，你那蓝蓝的水，是卫校人难抑的泪水吗？你那薄薄的雾，是卫校人难掩的愁思吗？学校的不复存在，让每个卫校人都在体会空有一身本领却无处使的无奈，若不曾身为巧妇，又怎能理解无米之炊的难为？美丽的西昌邛海岸，记载了卫校人整整十年的心事，也记载了卫校人奋斗不辍、艰难复学、回归故土之心的炙热与渴望。

艰难的日子里仍然有梦，1974 年 3 月，经过艰难的交涉，我校在美丽的邛海岸边复校了，大家奔走相告，潸然泪下，四年了，终于等到了今天，学校也由此更名为西昌铁路卫生学校。时年 9 月，学校招收护理、公共卫士、检验士、助产士四个专业的学生共 160 名，之后又招生两届，前后共培养四百余名医学卫生事业人才，他们奔赴祖国的各地，为如火如荼的社会主义建设贡献了一己之力。当时的学生，多来自知青和工农兵学员，文化基础不高，但胜在刻苦用功。花圃下、草丛中，青山下、邛海边，到处都是学子们勤学苦读的身影，而老师们为了最大限度地传授知识，更是做出了常人难以想象的牺牲，让我们从下面这个故事中去体会那份感人至深的仁爱情怀吧。

五月，一个云淡风轻的日子，一间普普通通的青砖房，一场不同寻常的训练——导尿术正在进行，由于缺乏用于训练的塑料模特，同学们普遍感到这项技术的抽象和棘手，正当大家感到无从下手之际，我们最可敬的包德真老师毅然站了出来，提出充当学生的操作对象，那一刻，学生们震惊了，谁能想到，在自己的身上做实验，这需要承受怎样的压力和风险，谁又能想到，在包老师那瘦小的身躯里竟蕴含着如此巨大的勇气，最后，在包老师那坚定不移、充满了慈爱与鼓励的眼神中，同学们怀着复杂的心情完成了实验操作。受此鼓舞，在以后的实训课中，同学们纷纷在需要的时候站出来，充当示教模特，实现了仁爱精神的最大升华。这堂课，包老师不仅以她丰厚的知识，更以她的"德"和"真"征服了学生，以至于多年之后，每当学生们回忆起恩师的这个片段，还是感动得热泪盈眶。直至今日，包老师不惜身先士卒、以身示范践行仁爱精神的事迹，仍然鼓舞着我校一代又一代的师生，继往开来，勤耕不辍。

冬去终究春会来，我校在漫漫长夜里迎来了希望的曙光。1980年春，来自中央的一纸文书翩然而至，"成都铁路卫生学校，迁回原址，继续办学"，十年等待，一朝梦圆，人们忍不住欢呼雀跃、相拥而泣。接着，拾掇好行李，怀揣着希望，大家踏上了回迁的漫漫长路，泥泞崎岖的拖布山，冰雪封冻的篱笆山……再大的困难也挡不住人们前行的脚步，随着一座座高山被大家抛在了后面，成都，越来越近了，漂泊在外十年的成都铁路卫生学校，终于回家了。

故里芙蓉城

回到蓉城故里，来到西城马家花园路，建筑依旧，花草依然，却有一种恍若隔世的感觉，面对曾经的校园，大家百感交集，一种重整河山的豪情壮志袭上心头，大家击掌盟誓，卫校的春天，就要来到了。

那时的学校，设施设备损坏严重。百废待兴的学校，需要每个人倾情的付出，历史最不能忘记的，就是那些白手起家的感人故事。忘不了，为了制作更便宜的课桌，在那个木料紧缺的年代，总务科的林明才老师一趟一趟地前往美姑县等地，五方又五方，像蚂蚁搬家似地运回宝贵的木料；忘不了，那些忙碌在崇州、大丰木料加工场的身影，他们挥汗如雨，谱写着世界上最动人的歌；忘不了，教授解剖学的戴积堂老师，为了抢救学校宝贵的人体标本，夜以继日，即使被福尔马林液体熏得泣涕如雨，仍然坚持工作的身影……是什么力量在支撑他们呢？因为心中的那个梦，那个伟大的"复兴学校，传承仁爱"的梦。

斗转星移，时光流逝，从1980年到1990年，经过十年的休养生息，我校实现了跨越式的发展。在度过了刚回到成都时的那段艰难时光之后，我校的师资、教学、管理、招生等都日趋稳定。可是，创业艰难百战多，90年代初，犹如平地起风云，难题骤然横亘，伴随社会的变革，我国中专学校的统招统分模式被打破，我校的招生工作面临严重的挑战，自主招生，何其艰难！屋漏又逢连夜雨，1998年，时逢我国本科类高校扩招，导致中职学校生源进一步下降，中职教育跌入低谷，随着铁路内部定向生源的全部取消，我校被推向了自生自灭的境地，面对生源的紧缺，就业市场的严峻，卫校人该怎么办？在这场生死存亡的危机中，卫校人不相信眼泪，在困难面前，团结一致，艰苦奋斗，创造了一个又一个的奇迹。

多方出击，扩大生源。到企业，下工地，争取委培的名额，看惯了白眼，受惯了嘲讽，那珍贵的男儿泪，已分不清是自己的自尊被挑战，还是对学校命运的忧惧。"相知无远近，万里尚为邻"，每一个合作办学的机会都不曾放过，温江卫校，建机厂子弟校，中医药大学……这里的每一寸土地上都留下了成铁卫校人拼搏奋斗的身影，真可谓是：为求学校生存路，四面八方苦求索，但求学校大发展，何惧风雨一身泥。那些商谈路上的披星戴月、颠簸困顿，都在笑谈间灰飞烟灭。2001年10月，我校与川北医学院成功地合作办学，将我校推上了历史的新高度。我校逐渐走出了困境，掀开了新的一页。随着这浓墨重彩的一页被掀开，我校持续发展的大门也打开了，求创新，谋发展，成铁卫校人取得了令人瞩目的成就，让我们铭记这些辉煌的时刻：2002年9月，我校被评为四川省重点中等职业学校；2003年4月，我校护理专业成为四川省重点专业；2003年11月，我校被评为国家级重点中等职业学校；2004年5月，我校口腔专业成为四川省特色专业……我校的综合实力得到快速提升，生源数量出现爆炸式的增长，为了保证教学质量，2004年6月，我校于大观堰增建东校区，办学条件得到明显提升……几代人的夙愿终于实现了，成都铁路卫生学校，强大了！

古城新天地

历史的车轮滚滚向前，发展的脚步永不停止。2009年9月，为了适应我校日益增长的发展需求，学校毅然决定迁址郫县古城镇，为学校的发展开辟了更广阔的天地。经过辛苦的努力，校园焕然一新，在校学生达到了上万名，学校也取得了更多更令人瞩目的成就。2013年，我校被评为第一批国家中等职业教育改革发展示范学校。2016年，在首批特色校建设中，我校明确了"技能立身、仁爱铸魂"的办学精髓，将先辈们践行的仁爱精神提上了历史新高度。

【春华秋实】

也许，对于成铁卫校人来说，最令人欣慰的不是那枝繁叶茂和桃李芬芳，而是面对累累硕果时的喜悦与满足。花的事业，瑰丽芬芳；果的事业，鲜美甘甜。仁爱的花儿长开不败，换来了如今这桃李满天下的大好收成，叫人怎能不开怀？下面，让我们到那丰盈的果实中去采摘一二，去品味那份美好的情怀，让它来滋润我们的心灵，濡养我们的灵魂。

时光定格到 2016 年的 5 月 12 日，金堂县第二人民医院，护士李秋兰，一个人如其名，像兰花一样高洁、清雅的女子，和平日一样，她早早地就在病房里面忙碌开了，突然，一阵嚷嚷声打破了病房里的宁静，"有人要跳楼"，她循声来到隔壁房间，极其惊险的一幕映入眼帘，病人邱大爷已经翻出窗外，身体悬空，而同事黄长久和保安朱锡桐正死死地拽着他，但是，两人显然已经有点力不从心，眼看邱大爷就要坠落，千钧一发的时刻，李秋兰一个箭步冲上前，死死地抓住邱大爷，窗户的狭窄让她使不上更多的力，于是，她想也没想，就跨出了窗外，在毫无保护的情况下，25 岁的李秋兰站在仅 20 厘米宽的窗沿上，用她的善举和力量托起了大爷生命的蓝天。

白衣炫五月，天使佑中华，这一天，又恰好是国际护士节，美丽的天使再次翩然降临人间，用她的善行和壮举为这个圣洁的节日再添一抹美丽的色彩，用一个人的生命照亮另一个人的生命，这莫过于是对"仁"和"爱"最全面、最深刻的诠释，经由这位美丽女子谱写的这首仁爱之歌，将被世人永远地传唱。

"健康所系、性命相托！当我步入神圣医学学府的时刻，谨庄严宣誓……"对于桂见军来说，这个誓言在生命中第一次出现，还是作为一名学生在 82 级医士班的时候，如今，当年的翩翩美少年已变成儒雅俊逸的中年男子，岁月的风霜也悄悄爬上了额头和发梢，可是，"我决心竭尽全力除人类之病痛，助健康之完美，维护医术的圣洁和荣誉……"，誓言里的内容却从不曾忘记，时时刻刻都荡漾在他心头。人们常说，医生面对太多的死亡，漠然成了必然，可是，对于桂见军来说，却是个例外。休克，这个离死亡最近的话题，成了他毕生最倾情的研究。休克的患者若不及时抢救，丧命就在顷刻之间。对于休克是否补液，国际上尚有争论，桂见军知难而上，积极探索，他的研究成果给医生抢救危重患者带来了极大的指导意义，也因为如此，他在美国重症医学大会上脱颖而出，荣获了"星级研究成就奖"。消息传出，华人世界一片哗然，成铁卫校也一片沸腾，有学子如斯，叫人怎能不骄傲？

说起成功的原因，桂见军只是轻描淡写地说了一句，"我只是喜欢钻研罢了"，洗尽铅华的朴实最能打动人心，试想想，若不是对生命有这般的爱护与执着，又哪来这数十年如一日的坚持不懈？若不是对仁爱有这般深刻的理解和领悟，又哪来这虚怀若谷的博大胸怀？文化传承，任重而道远，但我们的莘莘学子，用他们的才学和行动交出了最满意的答卷。

【传承、追求、创造】

70 年的时光过去，成都铁路卫生学校经历了屡次的更名、迁址，命运可谓是跌宕起伏、一波三折。而每一次走向复兴，都离不开价值观的指引；每一段砥砺奋进的征程，都必定有精神力量的支撑，这就是我们每个成铁卫校人心中不变的追求——仁爱。从最初教会的博爱思想，到如今的仁爱理念，一代代成铁卫校人不断地用汗水辛勤地浇灌，让这颗仁爱的种子在每个成铁卫校人心中生根发芽，他们用聪明和智慧创造出来的这一丰厚的精神财富，值得我们用一生去追随、传承和发扬光大。

成铁卫校人筚路蓝缕、艰苦奋斗，70 载风雨兼程。在这风云激荡的 70 年里，无数成铁卫校人满怀激情，以满腔的热血积极投身于祖国的卫生教育事业，一路披荆斩棘、栉风沐雨，用青春和汗水，共同创造了属于成都铁路卫生学校的传奇。

路漫漫其修远兮，未来的道路任重而道远，新一代的成铁卫校人一定会不负众望，成都铁路卫生学校一定会走向更加辉煌的未来！

成都铁路卫生学校
校 训

博学·笃行·仁爱·惠众

【校训释义】

博学：

《礼记·中庸》二十章云："博学之，审问之，慎思之，明辨之，笃行之。""博学"意思是要广泛地猎取知识，最大限度地丰富自己的知识。"博"还意味着博大和宽容。作为学生，我们要做到"博学"，也就是要广泛地学习，不仅要尽可能多地学习专业知识，还要尽可能多地学习政治、历史、社会、人文、自然科学知识，培养自己多方面的能力，以适应社会的需要。

笃行：

"笃行"是切实履行、专心实行的意思。"笃"又有忠贞不渝、踏踏实实、一心一意、坚持不懈之意。"笃行"要求我们要有明确的目标，并为实现目标坚定地、努力地去践行。

仁爱：

在古代，"仁"是同"礼"紧密联系在一起的社会道德规范。现代社会的"仁爱"主要是指爱护人、关心人、尊重人的道德情怀与道德行为。《论语》里有"能行五者（五者即恭、宽、信、敏、惠。笔者注）于天下，为仁矣""仁者爱人"的论述。仁爱不仅是中国人重要的核心道德，而且是现代人文精神的基础。"医者仁心""仁心仁术"，作为医护工作者，更要以"仁爱"精神为本，爱护人、关心人、尊重人。

惠众：

古语云："分人以财谓之惠""心省恤人谓之惠"。"众"是指众人、大家、群众。"惠众"就是要惠及众人，用我们的技能与付出使大众得到好处、得到帮助。医学生学习的就是治病救人、救死扶伤之术，担负的是关爱生命、守护健康的崇高职责，要以自己的知识、技能造福大众，服务人民，从而使自己成为对社会有用之人。

第一课　校园万事通

亲爱的同学，入校以来的这几天，你过得如何，还适应吗？

进校以后，你是否对你的校园好好参观过呢？今天我们会通过一些活动，在最短的时间里帮助你熟悉和了解你生活的校园环境。

看看谁会成为卫校新人万事通！

这里是学长们最喜欢的校园景观，这里留下了他们的足迹和生活的故事。

学长们的来信片段：

　　每当我心情烦乱的时候，我就会到这里坐下来，让自己被整个树冠包围……此时此刻，这里只有我和身边的草地，我听到自己的呼吸声和草地里小虫的吟唱，很快自己就能平静下来……

　　我们喜欢坐在这里聊天，聊我们对未来的希望，也会聊聊心里的不安和恐惧，大家围坐一圈，彼此感到很温暖……

你知道给学长们留下美好回忆的地方在哪儿吗？你是否也喜欢呢？

　　来吧，和你的同学们一起好好浏览一下我们美丽的校园。请仔细分辨老师提供的校园景观图片，找找这些地方在哪里，并在自己的书上标明它的位置。

01. 精勤楼
02. 弘景楼
03. 仲景楼
04. 精艺楼
05. 北辰楼
06. 科技信息中心
07. 明仁舍
08. 明义舍
09. 明礼舍
10. 明智舍
11. 明信舍
12. 远心舍
13. 静心舍
14. 宁心舍
15. 上善居
16. 篮球场
17. 风雨操场
18. 羽毛球场
19. 体育场
20. 篮球场
21. 排球场
22. 乒乓球场
23. 知栗园
24. 知辛园
25. 知咪园
26. 近菖居
27. 附属医院
28. 桃李广场
29. 怡心湖
30. 平安桥
31. 静安桥
32. 银杏大道
33. 花园大道

教学区
宿舍区
运动区
餐饮区
设施区

【比一比】

➢ 请和你的同学们一起在规定的时间里，在一张大白纸上用彩色笔画出整个校园的平面图，并且注明每个地方的名称。画完后和所有小组成员一起合影留念吧。

班　　小组：　共　创

（此框用来粘贴合影照片）

年　　月　　日

➢ 和你的同学们一起来竞答有关校园学习生活的问题。要求能准确地说出具体位置（比如：在哪个建筑的第几层楼，等等），并将小组竞答成功的问题号在你们小组的平面图中标注出来。

➢ 记下你们小组的得分和你个人的得分，优秀者有机会参加校园万事通大赛哦！

我们是第　　小组，小组得分是：
我答对的问题有：

【回顾与分享】

和你身边的同学聊聊以下几个话题，写下你的想法哦！

➤ 校园美景我最喜欢哪里？

➤ 我希望自己在哪里停留的时间多一点？

➤ 我打算如何使用这里的设施？

➤ 我想和谁一起分享这里的时光？

好啦，现在你可以对自己大声说：×××，我已经准备好了，来吧，卫校的生活！

【记一记】

请以时间顺序记录自己最典型一天在校园里的行程图，记得注明在每个地方停留的时间哦！

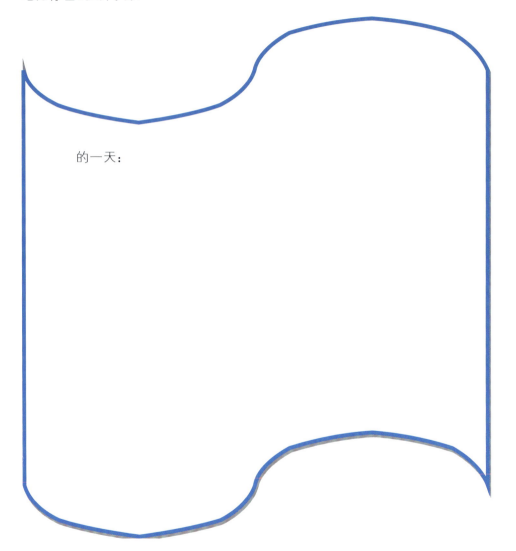

的一天：

第二课　班级你我他

　　亲爱的同学，欢迎来到我们的班级，从天南地北来到陌生的这里，你的内心一定充满了小小的忐忑与不安吧。通过上一节课的学习，我们已经逐渐熟悉了自己学习、生活的环境，现在的你可能更渴望与同学们进行真诚沟通，建立良好的人际关系，你也一定希望在这里尽快交到好朋友。好吧，让我们一起来珍惜属于我们的缘分，经营属于我们的友谊吧！

　　请你在下面的方框里留下你的个人信息。

我叫：

我来自于：

我的特点是：

年　　　月　　　日

【缘分真奇妙】

接下来，让我们来看看属于你的缘分有哪些吧。

名字：_____来自于：_____特点是：_____

名字：_____来自于：_____特点是：_____

名字：_____来自于：_____特点是：_____

名字：_____来自于：_____特点是：_____

名字：_____来自于：_____特点是：_____

名字：_____来自于：_____特点是：_____

名字：_____来自于：_____特点是：_____

名字：_____来自于：_____特点是：_____

名字：_____来自于：_____特点是：_____

名字：_____来自于：_____特点是：_____

名字：_____来自于：_____特点是：_____

名字：_____来自于：_____特点是：_____

年　　　月　　　日

【 我想认识你 】

有时候靠缘分可以找到我们的朋友，抱着且行且珍惜的态度走下去，最终才能经营好我们的友谊，可是，有时候，要想找到朋友，主动出击也是不错的选择哦！若你相信，就请跟我一起来吧！

我们的名字是：

我们的口号是：

我们的成员有：

盖章处：

【 比一比 】

➤ 最先组队成功的小组别忘了到老师那里盖章，我们将对最前面的三组给予奖励哦！

➤ 请在下面的方框里，写下今天你认识的所有朋友的名字。

比一比，谁是今天的记忆王！

➤ 自己的信息很快被别人记住的心情：

_____

➤ 如何才能找到朋友：

_____

➤ 找到朋友的心情：

_____

【 看一看 】

你想知道学长们是如何经营他们的友谊吗？你愿不愿意尝试一下呢？以下是学长们在学校生活期间发生的小故事。

学长们的来信片段：

......

我一直记得第一次走进教室的那一天。

送走父母后，心情很是低落，一想到真的就要开始独立生活了，心里很是忐忑不安，不知道能不能交到朋友，不知道能不能适应这里的生活。在闷热的下午，我爬了四层楼才找到教室，很怕一个人进去谁也不认识的那种尴尬。但还是硬着头皮推开了教室的门，走进去之后，我看到有几个同学正在那里打扫卫生，而我不知道该做什么，手足无措地站在那里，这时一个皮肤黝黑的女生走到我面前，很热心地问我：你也是 3 班的吧？来，把东西先放在这里，一会儿老师就来了，我们先把教室打扫干净。

原来这一切是那么的自然，我的心一下子就放松了下来。我很感谢那个女生，是她最先接纳了我，把我带入到这个集体中来。后来，我们也成了好朋友……

【记一记】

你打算在未来的日子里如何去经营你的友谊？

第三课　我们的温馨家园

　　各位同学，从现在起，你们就要开始和一些新的"家人"朝夕相处了。对，你一定猜到了，这些新的"家人"就是你的室友们！

　　你们可能在这里一住就是两年，室友会慢慢走近你的生活，他（她）会更多地了解你、理解你。他们可能会让你感到很温暖，也可能会和你拌嘴；他们可能知道你最深的秘密，也可能像最熟悉的陌生人。总之，他们将是你在学校生活中最重要的伙伴，但也可能是最难相处的伙伴。不管怎样，如果将来其中的某些人成了你无话不说的好朋友，那将是你一生的财富。好好珍惜，好好相处，从现在开始吧。

【我家有你】

有关你的一切我都想了解呢，让我再多了解一点你哦！
请你把室友们的名字、昵称、特点一一记录下来，再写下你们的室名。

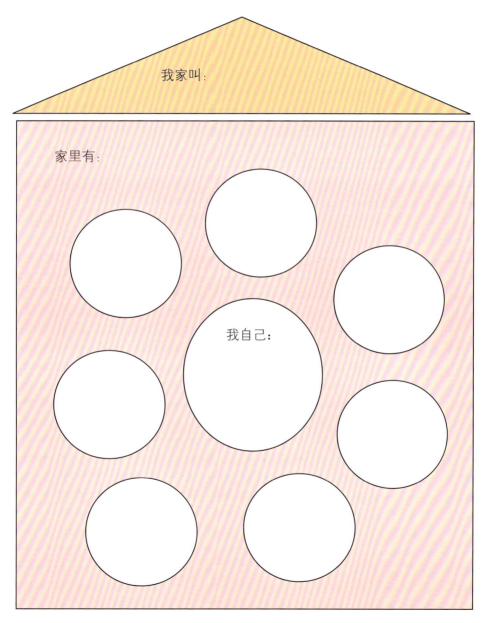

我家叫：

家里有：

我自己：

【家有家规】

和你的室友们共同讨论，说说你们最喜欢的家庭氛围是什么样的？为了实现这样的居住理念，大家要共同建立自己的家规，并一起来维护它哦！

讨论完了，请记下来。

我家的家规：

【比一比】（家庭自画像）

"家人"聚齐了，"家规"也有了，就差一个全家福了。但是这一次的全家福不是用照相机去照，而是一起画出来，看看大家是否心有灵犀。

请把你们的照片印出来，贴在这里哦。记住：你不是一个人面对这里的生活，你还有他们！

（此处用来粘贴合影照片）

【回顾与分享】

看到自己的作品会是什么样的心情？想不想把你的"家人"介绍给家乡的父母呢？

【记一记】

来到学校这么久了，你对室友有哪些感谢之情，请写下来，并且主动告诉你想感谢的同学。

第四课　专业万花筒

　　这些专业你都知道吗？你了解本校的专业设置和就业方向吗？今天我们会通过一些活动，在最短的时间里帮助你熟悉和了解学校所设置的专业及就业方向。看看谁会成为卫校专业达人！

【专业探密】（看图识专业）

➤ 在老师提供的图片中，你识别出了哪些专业？请根据自己的判断写下这些专业的名称。

_____、_____、_____、_____

_____、_____、_____、_____

➤ 把你的结论与小组同学们的结论汇总到一起，并写在小组共用的白纸上。

➤ 记录你们的讨论结果以及你们的判断依据。

> 我们是第　　小组
> 我们的结论是：

【读一读】

这是学长们最喜欢的专业，还有他们学习生活的小故事。

学长们的来信片段：

我刚开始学习护理专业的时候还很懵懂，觉得护理专业不复杂、单纯，考试多背背就可以过关。但当我正式步入临床的那一天起，才认识到，专业知识的融会贯通和熟练的操作技术有多么重要，只有专业知识扎实、操作技术过硬，才能在工作中不会手忙脚乱、面对突发事件才不会慌慌张张。正式成为一名职业护士后，我经历了太多太多……抢救生命时的争分夺秒，手术中的专心细致，打针输液时的熟练快速，这些经历和付出都带给我从未有过的成就感。所以，希望学弟学妹们能以满腔的热情，认真地对待自己的专业，将来带着扎实的专业知识和过硬的操作技术进入我们这一平凡而又神圣的行业……

【连一连】

下面给出了一些专业名称和相对应的就业岗位，你觉得这些专业可以从事哪些工作岗位呢？请把它们连在一起，再和你的小组同学们讨论，并说明你的理由。在讨论中，你也可以根据其他人的意见补充你的连线。

最后把你们小组的结果分享给大家；也可以听听其他小组的意见来补全你的认识哦。

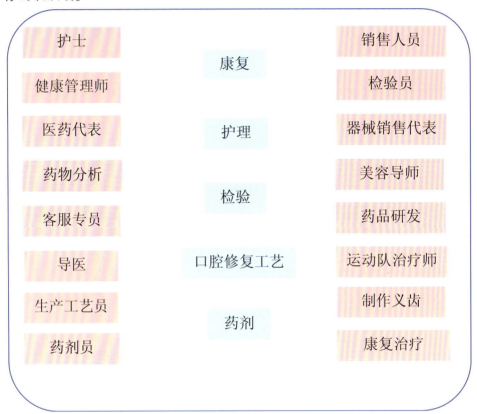

将"专业探秘"和"连一连"活动的评分加起来就是我们小组的得分啦！然后再去参加班级专业面面观团体奖的评选。

我们是第　　小组，小组得分是：

【回顾与分享】

➢ 我喜欢的专业是什么？为什么？

➢ 我将来可能从事什么职业？

好啦，现在你可以对自己大声说：×××，我已经准备好了，开启我的卫校学习生涯吧！

第五课　我的专业我做主

　　亲爱的同学们，经过前面的学习，大家应该对学校的专业设置和就业方向有一定的了解了吧，今天，我们将开展一些活动，帮助你在最短的时间里深入了解自己的专业，了解本专业的课程设置及就业方向。快快爆发你的洪荒之力，投身到专业学习中来吧！

【前期准备】

　　➤ 收集本专业课程的书籍。途径：向老师、学长求助；到图书馆查阅；上网查找资料，并进行拍照或打印出来。
　　➤ 制作专业小海报。

【我的专业我知道】

　　➤ 首先，你需要在下面的方框里留下你的个人信息。

> 我的专业：
> 我选择该专业的原因：

➤ 在和你的小组同伴们讨论交流之后，你觉得大家在选择本专业的原因上有哪些相似和不同之处呢？

请记录在这里：

➤ 看看小视频，听听老师和学长们对本专业的看法，从中你又了解了哪些有用的信息呢？

请记录在这里：

【读一读】

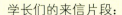

学长们的来信片段:

亲爱的学弟学妹们:

我毕业已经有一年零五个月了,还能以书信的方式同你们交流,我打心眼里感到很高兴。我是 2013 级医学检验专业的一名学生,离开母校这么久了,毕业时依依难舍的心情仍然历历在目。我常常怀念我的母校,因为这里有我挚爱的老师,他们传授给我知识,还给了我很多鼓励和帮助;在这里,我尽全力地去努力过、奋斗过;在这里学到的专业知识和技能至今与我如影随形,让我收获颇丰。

现在我在一家医疗企业工作,本来以为以我在学校里学到的知识,做这份工作会轻轻松松毫无压力。然而,随着医疗技术的发展,医学检验技术的发展也十分迅猛,让我深切感受到,仅掌握书本上的知识是不够的,还需要在实践中通过不同途径不断地拓宽知识面,积累实践经验。比如,到医院检验科与资深的老师沟通交流至关重要,下临床了解医师们的需求必不可少,参加医学学术会议和医疗行业的展会也是与时俱进的需要。而每当我外出参加与学界同仁的交流学习之后,更加觉得自己的知识不够用,从而激发我不断地去学习、去钻研,真是学无止境啊。

亲爱的学弟学妹们,现在你们在学校学习的只是理论知识和基础操作,要牢牢地掌握它们。不过这还不够,有时间的话,你还应该尝试到现实的工作岗位中去了解你的专业,去感受你的专业,打开眼界,拓宽知识面。不要只为了应付老师的作业、应付考试……放下这些包袱吧! 要为了能真正充实自己、完善自己而去学习专业知识,相信这样做会使你在成铁卫校的学习时光变得充实而又有趣,学习也变得有目标,学校生活也不再有那么多抱怨和小情绪……

【比一比】

班 小组：   得分：

我们竞答成功的题目内容有：

请在此记录你在这次有奖竞答中学习到的新知识哦！

             年   月   日

【记一记】

在课后写下"我近期的学习计划"。

第六课　初识学生"自主管理"

　　亲爱的同学，你将会在学校里度过两年的学习、生活时光，在这里，有亲如家人的老师，有活泼可爱的同学，有令你成长的知识，有让你发展的平台，更重要的是，还有大把的闲暇时间供你去思考、去发展自己的特长和爱好，你是否想过，进入学生会的某个部门去任职，在使你的课余生活变得丰富多彩之余，也有机会使自己的能力得到提升并积累人生经验呢？

　　今天我们就一起来开启卫校学生自主管理探索之旅，看看谁能成为卫校新人中学生自主管理的大赢家！

【找一找】

　　下面列出了学生会的有关部门和一些工作职责，你能指出这些工作职责是属于哪些部门的工作内容吗？请把你的答案填在后面的括号内，并和你的小组成员一起讨论这些部门的具体工作内容。

| 学生会办公室 | 文明监督岗 | 体育部 | 保卫部 |

| 生活部 | 劳动部 | 文艺部 | 宣传部 | 先锋岗 |

| 社团部 | 学习部 | 纪检部 |

　　帮助同学们增加自律性，负责提醒他们在校期间佩戴校牌及整理仪容仪表，并负责晚自习的纪律。

【　　　　　】

　　老师与各部门之间的纽带，协调各部门之间的分工与合作，传达老师的指示，做好后勤保障工作。

【　　　　　】

　　组织策划学校的文艺活动，协助老师开展大小文艺活动。

【　　　　　】

　　对例会的出席情况及会议进行记录，管理社团内部档案，对社团考评并进行评比。

【　　　　　】

【　　　　　】

【　　　　　】

【 读一读 】

这是学长们对于学生自主管理的一些感悟。

学长们的来信片段：

岁月如梭！三年的中专生活匆匆而过。在学校里，我加入了学生会保卫部，在保卫部任职的几年里，我有机会接触了更多的人和事，令我受益匪浅！回想起以往的点点滴滴，都仿佛还是在昨天……我激动过、开心过，也迷茫过，不论得失与成败，这些点滴共同见证着我的成长，是我一生不可或缺的财富。

我还记得三年前我刚刚加入保卫部时的激动心情。我选择加入学生会保卫部是因为被保卫部成员的精神面貌所吸引，统一的站姿、统一的仪态，是那么的迷人……然而，当我正式成为保卫部的一员时，才明白要做到这些是十分辛苦的，忙得连周末都没有时间休息。我也曾想过要退出，但我还是坚持了下来，因为每当我想要退缩的时候，我脑海里就会浮现出我当初加入保卫部的初衷，我应该为之而坚持啊……在这个"大家庭"里，我和我的伙伴们荣辱与共，团结友爱，我们为了这个"家"的荣誉而共同努力。每当在学生会大会上听到保卫部被评为优秀部门时，我们都感到很自豪。

看到学长们在学校的成长足迹，你是否想过参与到学校学生自主管理的队伍中来？

【比一比】

班　　　　小组　　　小组得分：　　　个人得分：

我们竞答成功的题目内容有：

请在此记录你在此次有奖竞答中了解到的新信息：

年　　　月　　　日

在了解了学校学生会的相关管理部门后，看看哪些部门是你比较感兴趣的，结合自身的能力和特点，写出自己最感兴趣的两个部门，由此开启你的自我管理计划吧！

➤ 把你感兴趣的部门写在圆圈中央。

➤ 你希望从中得到哪些锻炼和收获？请把你希望得到的锻炼和收获写在周围的圆环中。

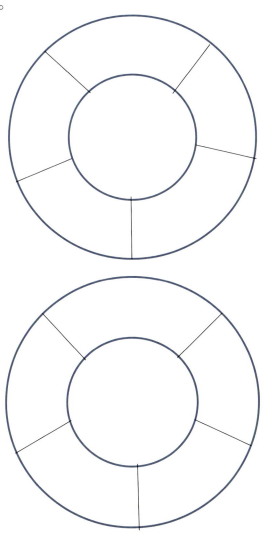

【回顾与分享】

请同学们分小组讨论和分享：你愿意花更多的时间在哪个部门进行锻炼？为什么？

【换一换】

课后请和你的同学们一起将前面填写的关于自我管理的计划相互传看。

第七课　社团知多少

　　同学们，你们喜欢社团活动吗？"社团嘉年华""跳蚤市场"等这些社团活动你们听说过吗？这些可是我校的一大特色哦。来到学校之后，怎么在学习之余安排好自己的课外活动，使自己的能力得到提升、生活更加丰富，这是同学们应该思考的问题。

热爱生命

——汪国真

我不去想是否能够成功

既然选择了远方

便只顾风雨兼程

我不去想能否赢得爱情

既然钟情于玫瑰

就勇敢地吐露真诚

我不去想身后是否袭来寒风冷雨

既然目标是地线

留给世界的只能是背影

我不去想未来是平坦还是泥泞

只要热爱生命

一切，都在意料之中

你喜欢这首诗吗？和你的小组同学一起聊聊你听了以后的感受吧。

【排一排】

下面是学校社团机构的名称，你能说出它们各自的职责以及之间的关系吗？请在规定时间内和你的小组成员一起按工作流程关系的顺序对它们进行排序。（以小组为单位，写在 A4 的白纸上）

校团委	社团副社长	校学生科	社团指导老师

各大社团	社团社长	校社团部	球类协会

网球社	公益社	爱心社	技能协会	畅言社

E 时代	心理社	文娱协会	电影社	摄影社

骑行社	手工协会	汉服社	国粹社

表演协会	散打社	社会服务协会	康复医学社

➢ 请在下面记录你们小组的排序。

我们是　　　　班第　　　小组，我们的答案是：

2015 年，我校电影社、爱心社（与康复医学社一起）参加成都最强社团竞赛，获得三等奖。

【认一认】

你认识下面的标志是什么社团的吗？有什么意义和特征？

【回顾与分享】

以小组展开讨论：

➤ 你最想加入的社团是什么？为什么？

➤ 你期待能在你所加入的社团中得到什么收获？

【附】

成铁卫校社团简介

成铁卫校社团的前身源自于我校 2005 年创建的各大协会，各大协会历经 5 年的成长，由于发展的需要，于 2010 年纷纷组建为社团，彼时的社团，不论是规模还是管理模式，都已具雏形。至 2017 年，我校社团已发展成为由 33 大社团组成、共有 2000 多人参加的庞大群体。

- 球类协会：网球社、足球社、羽毛球社、排球社、篮球社、乒乓球社
- 技能协会：畅言社、韩语社、英语社、日语社、文学社、E 时代、心理社
- 文娱协会：电影社、棋艺社、瑜伽社、魔方社、摄影社、电影社、骑行社
- 手工协会：鸢纸社、礼韵社、汉服社、动漫社、国粹社
- 表演协会：话剧社、乐舞社、爱乐社、散打社
- 社会服务协会：康复医学社、医护技能社、爱心社、公益社

为了大力发展学校社团，使学校社团职业化、正规化。我校学生科、团委特聘请了校内外的优秀教师担任各大社团的指导老师。比如心理社，就聘请了国家二级心理咨询师作为指导老师。排球社、篮球社、羽毛球社也都聘请了国家级裁判进行专业指导。各个社团还根据学生的需要，安排指导老师每周定时为社团成员授课。电影社每周进行热门电影影评，组织学生观看电影。文学社每周四进行读书交流活动，丰富学生的内涵。礼韵社每周三为社团成员培训礼仪，提升学生的仪表和气质。MVP 电子竞技社每周三举行电竞比赛，提高学生的网络素质。可以说，每一个社团的发展都离不开指导老师的辛勤耕耘，离不开老师们的无私付出。

第八课　新环境　新规则

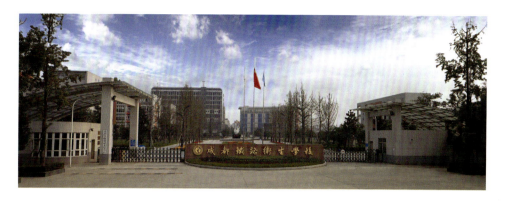

　　有一天，一名同学穿着拖鞋就走进教学楼准备上课，被学生会执勤同学拦住并告知学校教学区域是不允许穿拖鞋进入的，学生会执勤同学要求其出示校牌，该同学不愿意出示校牌，还生气地质问学生会执勤同学凭什么管他。最后由当日学生科值班老师介入处理，该同学被通报批评。

　　请问：该同学为什么会被通报批评？想一想，把你的想法记下来，并跟大家说说你的想法。在听了别人的想法后，把你认为有价值的观点也记录下来。

　　我的观点是：

　　在听了别人的发言后，我觉得很有意思的观点有：

【七嘴八舌议规则】

规则的好处

出行遵守交通规则，做人做事遵守法律法规，就连在家里也有各种大大小小的规矩，比如对爸妈的称呼，吃饭时的习惯，等等。所以说，我们生活在规则之中。虽然生活中无处不在的规则有时会让我们感到不便，但我们应该认识到遵守它给我们带来的好处。大家开动脑筋想一想那些给我们带来好处的规则吧。

我们是　　　班第　　　小组，我们大家讨论的结果有：

在听了别人的发言后，我觉得很有意思的观点有：

学长们的来信片段：

亲爱的学弟学妹们：

我也曾经是成铁卫校的一名学子，我刚进学校的时候十分活跃，常常因为自己的违规违纪行为成为学生科老师的"座上宾"，那时候我对学校的规章制度简直烦透了，真想退学，让自己不再受约束，彻底地解放……为了自由，我逃学去打工，以为这样就没有谁可以管束我了。可谁想，打工的滋味更不好受，规矩更多，一不小心触犯了规矩就立马被辞退……逃学的那一个月我换过四个工作。虽然说找个不需要文凭的工作并不难，工资也足够我自己用的了，可是想要留住工作实在是太难了，比在学校里留住学籍难多了。第一份工作被辞退就是因为迟到了一小时，我怎么道歉都没有用，一分钱都没拿到就被辞退了，白干了一周多。第二份工作和第三份工作我都不知道错在哪里了，可能是因为我工作不主动吧。第四份工作，我小心翼翼地，总算是坚持到领工资，可单位还是不让我继续干下去了。现在才知道，我原来想的自由太简单了，我理解的自由就是自由散漫、不守规矩，想怎样就怎样，这怎么行呢！生活处处都是有规则的啊……回到学校后，班主任虽然给了我处分，留校察看。可我真心地感谢他，至少他还愿意教育我，给我讲道理，给我改正的机会。出了校门，到了工作岗位上，领导就不会给你这么多机会了，犯了错直接开除。

所以，我认为，规则再不方便也要遵守，因为我们就生活在规则之中。俗话说，没有规矩，就不成方圆。从外面回到学校后，我感觉自己长大了好多，也变得成熟了，我挺自豪自己的改变。现在的我在一家不错的医院里工作。

各位学弟学妹们，希望你们能体会到在遵守规则的前提下获得的自由感，反正挺奇妙的……

【我为规则提建议】

纪检部同学的苦恼：我是一名纪检部的同学，我的工作是负责检查同学们有没有违纪违规的行为，例如，大家都知道每天要佩戴校牌，但是每天都有同学忘记戴上，记下他们名字的时候，我也很无奈，怎么帮助同学们养成佩戴校牌的习惯呢？

《学生守则》中有很多规则在执行和实施的时候都离不开大家的支持，把你的建议写在这里吧！

> 我们是　　　班第　　　小组，我的建议是：
>
>
>
>
>
> 我们小组其他成员的建议还有：

【记一记】

熟记"三禁两不、十不准"，做好新生入学教育考试准备，尽快熟记校纪校规。

第九课　冲动是魔鬼

【想一想】

案例1

我校 2013 级药剂 1 班的两名同学小王和小魏在课间操时打闹，因为小王出言不逊，两人从打闹变成了打骂，后来被在场的其他同学拉开。课间操结束后，小魏对此事仍然耿耿于怀，便找来同班的好朋友小李帮忙，找到小王对他进行殴打。面子是找回来了，然而小魏从此就和小王成了班上抬头不见低头见的"仇人"，只要有小魏参加的班级活动，小王就不参与。

案例2

体育课上，小刘向外班的同学小杨借了一个篮球来玩，快下课的时候，小刘还在继续玩，因为要归还器材，小杨便要求小刘自己把篮球还回器材室，小刘觉得麻烦，就把球扔给了小杨，结果球砸到了小杨身上，小杨当时感觉很委屈，心想，为什么我借球给他玩他还用球砸我。于是，小杨把这件事告诉了同班的小李，小李晚上回寝室之后便带着其他两名"好哥们"到小刘寝室去谈判，结果双方扭打起来。很快此事就惊动了宿舍管理老师。为此，小杨和小李都挨了处分。此事正好发生在学校安排大家外出实习的前夕，处分使他们俩的实习受到了影响，不得不自行安排实习地点。

小组讨论以下三个问题，然后每组派一名代表陈述本组的观点。

我们是_____班　第_____小组，我是_____

➤ 看完这两个案例后，你的心情如何？

➤ 在这两件事情中，你觉得是什么让这两件事情发展到这个地步？

➤ 如果遇到类似的事情，你觉得自己会怎么做？

我们小组其他成员的看法与我不同的有：

【演一演】

剧情 1

由于同学间的纠纷，小强找到了好友小志帮忙打架，小志的选择是：

A. 为了朋友义气，不辨是非去帮着打架。

B. 考虑到后果，拒绝去。

C. 说服小强不要去打架，再进一步做调解工作。

➢ 如果你是小志，你会怎样选择，为什么？

➢ "哥们义气"错在哪里？小组讨论并综合小组成员的意见，你希望有怎样的哥们？

剧情 2

在校园的某个偏僻角落里，你看到有人被打得头破血流，你会怎么办？

A. 不正面阻止，先报告老师或拨打 110，再去找几个同学一起出面，帮助被打的同学。

B. 觉得被打的同学可怜，但是没办法，惹到了那伙人没好处，只好假装没看到，走开。

C. 溜之大吉，以免惹祸上身。

D. 立刻站出来见义勇为，制止他们的行为。

E. 这是同学之间解决矛盾的一种方式，没必要管，继续旁观，看事件的发展。

F. 幸灾乐祸，觉得打得过瘾，被打的人自己没本事，纯属活该，连我都想上去打几下。

➢ 你的选择是什么？

➢ 做出这一选择的原因是什么？

➢ 其他选择的危害是什么？

根据老师的讲解，写出以下处理冲突事件的基本原则：

➢ 如何预防自己对他人情绪失控的攻击行为。

➢ 如何预防自己成为他人冲动攻击的对象。

【写一写】

我们该如何预防冲突的发生呢？在与同学发生冲突的时候，我们应该如何保护自己？请你给自己和同学提上几条建议。

我是_____班第____组成员，我的建议是：

我们小组其他人的建议还有：

第十课 瘾与骗

亲爱的同学们，日常生活中我们都离不开网络，但网络用得太多会被网络控制。来测测看，你是不是也中招了！

【 测一测 】

1. 每天起床后情绪低落，头昏眼花，疲乏无力，食欲不振或魂不守舍，而一旦上网便精神抖擞，百病全消。

2. 上网时表现得神思敏捷，口若悬河，并感到格外开心，一旦离开网络便语言迟钝，情绪低落。

3. 只有不断增加上网时间才能感到满足，从而使上网时间失控，经常比预计时间长。

4. 无法控制上网的冲动。

5. 每当看到一个新网址就会心跳加快或心律不齐。

6. 如果长时间不上网就心痒难耐；有时候刚离开网络，马上又有了想上网的冲动。早上一起床就有上网的欲望，甚至夜间起床小便的时候也想打开电脑。

7. 每当网络线路被掐断或由于其他原因不能上网，便感到烦躁不安或情绪低落。

8. 平常有不由自主敲击键盘的动作或身体颤抖的现象。

9. 对亲人或亲友隐瞒迷恋网络的程度。

10. 因迷恋网络而面临失学、失业或失去朋友。

如果你有其中 4 项以上的表现，且持续时间已经达到 1 年以上，那么表明你可能已经患上了 IAD（网络成瘾综合征）。

请和你的小组同伴们聊聊以下话题，看看大家的情况如何。

➢ 你每天使用网络的时间有多少？

➢ 你通常使用网络做些什么？

➢ 你觉得网络满足了你什么需要？

➢ 你知道网络能提高学习能力吗？

听完小组内其他同学的答案后，你有什么发现：

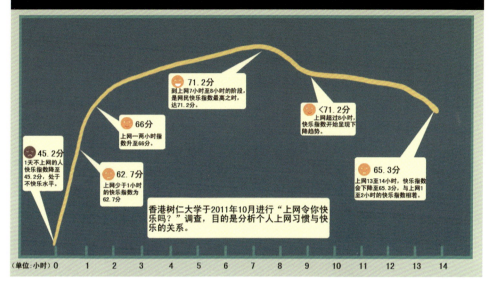

来源：互动百科　作者：刘恒

请在图中标出你目前上网快乐指数的位置。

【小组讨论】

如何让网络为我所用，让网络为自己的成长服务呢？

我的想法是：

在讨论中你觉得大家有什么更好的建议值得一试呢？

【听一听】

请小心，老网客的你可别被坑了

同学们，这是一个信息化的时代，互联网＋、微信、BUY＋购物……越来越多的科技正在改变甚至颠覆我们以往的生活，而骗子的魔爪也开始伸向网络。你身边有同学、朋友上当受骗吗？你是否在网络上泄露过自己的个人信息呢？

老师说的你记住了哪些呢？

第十一课　花季有"约"

【想一想】

案例1

　　进入中学以来，小丽发现班上的同学小刚不仅学习成绩棒，而且性格活泼开朗，很有幽默感。不知不觉中，小丽发现自己总希望引起他的注意，上课常常走神，有时想入非非。特别是看到他与其他女同学交往时，心里就会难受。小丽为此很苦恼。

　　先把你的想法写下来，再和你的小组同学一起讨论，听听大家的想法。

➤ 你发生过类似的情况吗？

➤ 你觉得小丽的心里正发生着什么变化？

➤ 你觉得这是爱情吗？

➤ 如果是你，你会怎么处理这个情绪？

　　我觉得同学们的想法对我有启发的是：

案例 2

小强是某职业中学的一名男生，在班上担任班长，因为工作关系与班里的女生小红接触较多并对她产生了好感，操作课上也想找机会接触她，周末常常邀请小红出去吃饭、看电影，小红也不好意思拒绝，这样两人慢慢发展成了恋人关系。此后小强的学习成绩直线下降，技能考试也不过关，班主任撤销了他的班长职务……毕业后，小强先后进了几家公司，由于没有扎实的专业知识和技能，很快被公司辞退，小红也与他分手了。因为小强在学校时花钱太多，而父母的经济能力有限，到现在还在省吃俭用地为他还债。事后，同学们都为他们感到惋惜，认为他们如果能把这段友谊和好感暂且保留，等到工作稳定后再继续发展，结局会大不相同。

和小组同学一起讨论，请留意每个人的不同意见。如果这个故事可以改写，你希望怎样发展这段感情呢？说说你的理由。

请在这里记下你的小组同学们的想法，特别是那些与你不一样的想法，要记得问问他们的理由。

> 我的看法是：
>
>
> 此次与小组同伴的讨论中对我有启发的想法有：

【记一记】

积极、健康的异性关系交往原则是：

【写一写】

请你把对于"异性交往"的想法以书信的方式写给你的父母，试着让他们了解你的想法，开启你与父母之间对此类话题的讨论吧。

> 爸、妈，你们好！
>
> 　今天，老师带着我们一起讨论了有关异性交往的话题。经过讨论，我发现了：
>
>
>
> 　我还学习到：
>
>
>
> 　在学校生活的这两年里，关于这个问题，我的打算是：
>
>
>
> 　最后我想说，请你们一定放心，我会：
>
>
>
> 　　　　　　　　　　　　　你们的孩子：

后　记

　　从 2014 年开始，我们就在尝试探索一条学生德育工作课程化的道路，希望通过在统一的教育理念和指导思想下以系统化和标准化的课程去跟进学生在校的学习生活，给予他们最有效的帮助和指导，和同学们一起去发现和思考在校期间的各种发展性问题，鼓励学生实现自我管理和自我建设，并拥有一定的解决问题的能力。近年来，每年的新生入学教育班会课是我们探索学生德育工作课程化并付诸实践的一部分，我们计划将学生入校初期以及接下来每学期中可能遇到的各种典型问题都以班会活动课的形式进行逐一探讨，并以此将这一实践成果固化下来形成我校德育教育的特色，为此，我们决定推出我们的特色德育课教材——《卫校达人养成攻略》。

　　这是一套帮助新生尽快适应和融入卫校学习生活的教材，全套教材分为教师用书和学生用书两个部分，由我校学生科及心理健康中心的老师们共同创作完成。我们希望借由这套教材，让班主任老师可以轻松、快速而又高效地带领学生们了解自己学校的历史文化和渊源，了解校园生活的规则规范以及未来将面临的选择和挑战，培养职业荣誉感，树立学习目标和未来的职业发展目标。希望以这套教材为基础形成的活动课能激发起学生们的热情，让学生们能主动而又自然地投入到接下来的卫校生活，并帮助学生们在适应学校集体生活的同时，懂得尊重自己和他人，掌握人际交往的基本原则，建立起良好、互助的同伴关系，让初次离家的学生的独立生活有一个良好的开端。

　　本套教材采用班会活动课的形式组织每一节课，让学生在活动中体验、发现和成长，让积极的情感互动成为课堂的基调，让理论和规则在彼此的交流和讨论中深入内心。

　　本套教材的选材大多来自于我校学子们的真实生活，这是本套教材的一大特色。其中，"教师用书"相当于班主任的班会课授课教案，能详细又清晰地指导班主任组织入学教育班会课的开展，书中还配有授课工具包和视频资源库；而"学生用书"更像是新生入学初期的学习生活记录册，希望学生们在完成了入学教育后，能以良好的心态开始未来的生活，并把它保存起来，作为卫校学习生活的珍贵纪念。

本套教材虽然是经过多次讨论和修改而成，但这种形式的德育教育对于我们来说尚处于探索阶段，由于经验所限，书中不足之处在所难免。随着本套教材的使用以及相关实践活动的开展，我们会不断地修改和完善它；同时也希望读者能提出宝贵意见和建议，这是对我们所有编者的最大回馈和肯定。

希望本套教材以及以此开展的入学教育课能成为每一个卫校学子的深刻回忆，也能成为我校教育工作者在教育管理实践中不断学习和提高的载体。

编　者
2017 年 8 月